BEI GRIN MACHT SICH IHR
WISSEN BEZAHLT

AF152865

- Wir veröffentlichen Ihre Hausarbeit,
  Bachelor- und Masterarbeit

- Ihr eigenes eBook und Buch -
  weltweit in allen wichtigen Shops

- Verdienen Sie an jedem Verkauf

Jetzt bei www.GRIN.com hochladen
und kostenlos publizieren

Shiwanee Parimal

Kartographie des Selbst. "Reisen" als Metapher bei Hugo Loetscher

Am Beispiel von "Wunderwelt: Eine brasilianische Begegnung"

GRIN Verlag

Bibliografische Information der Deutschen Nationalbibliothek:

Die Deutsche Bibliothek verzeichnet diese Publikation in der Deutschen National-
bibliografie; detaillierte bibliografische Daten sind im Internet über http://dnb.d-
nb.de/ abrufbar.

Impressum:

Copyright © 2009 GRIN Verlag GmbH
Druck und Bindung: Books on Demand GmbH, Norderstedt Germany
ISBN: 978-3-656-91923-0

Dieses Buch bei GRIN:

http://www.grin.com/de/e-book/294237/kartographie-des-selbst-reisen-als-metapher-
bei-hugo-loetscher

GRIN - Your knowledge has value

Der GRIN Verlag publiziert seit 1998 wissenschaftliche Arbeiten von Studenten, Hochschullehrern und anderen Akademikern als eBook und gedrucktes Buch. Die Verlagswebsite www.grin.com ist die ideale Plattform zur Veröffentlichung von Hausarbeiten, Abschlussarbeiten, wissenschaftlichen Aufsätzen, Dissertationen und Fachbüchern.

Besuchen Sie uns im Internet:

http://www.grin.com/

http://www.facebook.com/grincom

http://www.twitter.com/grin_com

Kartographie des Selbst: ‚*Reisen*' als Metapher bei Hugo Loetscher

Am Beispiel von „*Wunderwelt: Eine brasilianische Begegnung*"[1]

Name: Shiwanee Parimal

                (Ph.D Student, Center for German Studies.

                School for Language, Literature and Culture Studies)

University: Jawaharlal Nehru University, New Delhi, India.

---

[1] Dieser Artikel stellt einige Schwerpunkte meiner im Jahr 2009 an der Jawaharlal Nehru University, New Delhi vervollständigten M.Phil Dissertation dar. Einige kritische Vorschläge, die während einer Präsentation an dem DAAD-Nachwuchssymposium im Jahr 2008 gemacht wurden, haben auch bei der Gestaltung dieses Artikels beigetragen.

I.   Hintergrund: Politische Lage der Schweiz nach dem zweiten Weltkrieg

Im 20. Jahrhundert erlebte Europa zwei Weltkriege. Die Wehen und Verluste, mit denen sich die Welt während der Kriegszeit konfrontieren musste, stellten die Beziehungen zwischen verschiedenen europäischen Ländern in Frage. Während die anderen europäischen Länder, die am Krieg beteiligt waren, mehr oder weniger die gleichen Probleme hatten, stand die Schweiz vor einer ziemlich anderen Lage, die ihre Existenz in Europa in gewisser Hinsicht problematisierte.

Die Viersprachigkeit[2] innerhalb des Landes und die Beziehung der Länder zu einander, in denen diese Sprachen als Hauptsprachen gesprochen werden, erschwerten die Stellungnahme der Schweiz in der Kriegssituation. Die französische Schweiz konnte sich mit der eigenen Kultur- mit der Frankophonen- identifizieren. Die deutschsprachige Schweiz musste sich aber ständig vor der nationalsozialistischen Haltung Deutschlands abwehren. Daher musste die deutschsprachige Schweiz ihr eigenes Kulturverständnis entwickeln, das sie von dem übrigen deutschsprachigen Raum Europas distanzieren könnte. Aus der Not einer Distanzierung von den politischen Geschehnissen wurde in der Schweiz politische *Neutralität* als Staatsphilosophie angenommen. Die Schweiz, als ein neutraler Staat, stand im Prinzip jetzt auf keine der Seiten der verschiedenen Gruppen, die am Krieg gegen einander beteiligt waren. Die Begriffe wie *‚politische Neutralität‘*, *‚Helvetismus‘*, *‚geistige Landesverteidigung‘* wurden zu Schlüsselbegriffen und fanden in der Nachkriegsliteratur einen großen Raum. Einige Schriftsteller und Intellektuellen[3] nahmen es zur Aufgabe, die politische Neutralität sowie das Konzept einer politischen Einheit aller Sprachgruppen in der Schweiz in ihren schriftstellerischen Werken widerspiegeln zu lassen bzw. vertreten.[4] Die Alpen

---

[2] In der Schweiz werden Deutsch, Französisch, Italienisch und Rätoromanisch gesprochen.

[3] Um einige Beispiele zu nennen: Karl Spittler, ein Schweizer Dichter und Essayist, trat während des Zweiten Weltkrieges für die Schweizer Neutralität ein und grenzte sich von der nationalsozialistischen Haltung Deutschlands ab. In seiner Rede *„Unser Schweizer Standpunkt"* , die er am 14. Dezember 1914 in der neuen Helvetischen Gesellschaft hielt, behandelte er die Frage: >>*wollen wir oder wollen wir nicht ein schweizerischer Staat bleiben, der dem Auslande gegenüber eine politische Einheit darstellt?*<<. In dieser Rede verlangte er eine politische Einheit zwischen der deutschsprachigen und der französischen Schweiz mit einer klaren Abgrenzung von den Nachbarstaaten. So hatte die geistige Landesverteidigung- als eine kulturelle Bewegung- zur Aufgabe, das Schweizer Gedankengut vor dem nicht- schweizerischen Gedankengut zu verteidigen. Die in der Fußnote 4 zitierten Werke und Artikel stellen ausführlich dar, wie die Nachkriegsliteratur zu dieser Staatsphilosophie reagierte.

[4] Für eine ausführliche Darstellung der Problematik siehe: Amrein Ursula: *„Nationale Identität und Erinnerungspolitik: Die deutschsprachige Schweizer Literatur in den-Vor- und Nachkriegszeiten des*

wurden zur symbolhaften Schutzmauer, die die idyllische Darstellung der Schweiz in der Literatur bewahren sollten.

Die politische Einheit innerhalb der Schweiz, die die Konzepte wie die *geistige Landesverteidigung* und *Helvetismus* hervorheben sollte, musste aber allmählich mit starker Kritik konfrontieren.

„From 1930 to 1945, and especially during World War II, the ‚Geistige Landesverteidigung' (the spiritual defense of the nation) expressed a patriotic approach towards society and psychology transcending linguistic and cultural differences. But in fact not only eighteenth-century 'Helvetisme', but also 'Geistige Landesverteidigung' are rather exceptions confirming the general rule which is the primacy of diversity. So we may repeat that the concept of one Swiss Literature is purely a theoretical and or at least only a political not a cultural reality." [5]

Die jüngere Generation der Schriftsteller, die nach 1945 frisch mit ihrem literarischen Schaffen angefangen hatte, kümmerte sich weniger um die Entwicklung dieser Beziehungen. Thematisch lockten sie mehr die anderen größeren weltweiten Probleme als die Pflege der eigenen Schweizer Kultur. Die deutschsprachige Schweizer Literatur stand nach 1945 vor einem Dilemma. Einerseits war es die zunehmende Politisierung des literarischen Bereiches, die sich in der Formation der Gruppen wie *„Der Schweizer Schriftsteller Verein"*, *„Die Gesellschaft Schweizer Dramatiker"*, die während der Kriegszeit entstanden, ausdrückte. Ein konkretes Beispiel dieser sich ändernden literarischen Szene war die Etablierung der Schweiz als einen *Sonderfall* in Europa. Andererseits intensivierte das existentielle Bewusstsein und verarbeitete ästhetisch die Erfahrung der Unzufriedenheit und Unruhe, was die Spezifizität des ‚Schweizerischen' etwas abschwächte und die Schweizer Literatur auch als Teil der Weltliteratur rezipieren ließ. Das Selbstbildnis

Nationalsozialismus". In: Böhler Michael, Horch, Hans Otto (Hrsg.): *„Kulturtopographie deutschsprachiger Literaturen: Perspektivierungen im Spannungsfeld von Integration und Differenz"*, (2002). Amrein Ursula: *„>>Unschweizerisches Gedankengut<<: Das Fremde im Diskurs der geistigen Landesverteidigung"*. In: Caduff, Corina (Hrsg.): *„Figuren des Fremden in der Schweizer Literatur"* (1997). Gsteiger, Manfred: *„Individuality, Interrelations and Self- images in Swiss Literature"*. In: Flood, John L. (Hrsg.): *"Modern Swiss Literature: Unity and diversity (Papers from a symposium)"*, (1985). Loetscher, Hugo; *"The situation of the Swiss writer after 1945"*, In: Flood, John L (Hrsg); *"Modern swiss literature: unity and diversity (papers from a symposium)"*; (1985). Bichsel, Peter: *„Schweizers Schweiz"*, (1969).
[5]Gsteiger, Manfred: *„Individuality, Interrelations and Self- images in Swiss Literature"*. In: Flood, John L. (Hrsg.): *"Modern Swiss Literature: Unity and diversity (Papers from a symposium)"*, (1985), S. 9.

der Schweiz oder die Spezifizität des Kulturverständnisses in der Schweiz, die sich von Anfang an in der deutschsprachigen Schweiz zu Themen entwickelt hatten, fanden immer ein Echo in der Literatur. Die Behandlung der Themen wandelte sich jedoch allmählich mit der Zeit. Nach 1945 kam die Zeit der Entmystifizierung, wobei die Begriffe wie Neutralität und die schweizerische Enge von den Intellektuellen und den Schriftstellern in Frage gestellt werden.

"Both the pictures, no matter how different they are, belong together; they are the two sides of one development that started in 1945: the establishment of Myths and their deconstruction, a process in which literature played a decisive role."[6]

Es war die Generation von Max Frisch, Friedrich Dürrenmatt, Peter Bichsel, die zu dieser Zeit als junge Autoren die literarische Bühne betraten. Ihr literarisches Schaffen war ein Versuch, der zu diesem Prozess der Entmystifizierung beigetragen hat. Durch ihre Schriften haben sie die Neutralität und das Bild der Selbstzufriedenheit der Schweiz immer wieder in Frage gestellt.

Von dem Selbstbildnis der Schweiz und der *Heimat* war in der Literatur immer noch die Rede. Die jüngeren Autoren setzten sich aber mit diesen Themen mit einer kritischen Perspektive auseinander. Die hohen Alpen und die naturschöne Landschaft waren jetzt ungenügend, um der Schweiz eine lobenswerte Stellung zu geben. Die mythenhafte Darstellung der Schweiz, die ihr zu einem *Sonderfall* gemacht hatte, wurde jetzt von den neuen Autoren problematisiert.

Hugo Loetscher gehört zu der Generation, die sich durch ihr literarisches Schaffen mit der Frage auseinandersetzen. Obwohl Hugo Loetscher wie seine Zeitgenossen Max Frisch, Friedrich Dürrenmatt, Peter Bichsel usw. keine Kanon-Stellung gewinnen konnte, hinterlassen seine schriftliche Leistung und seine *andersartige Methodik*, sich mit dieser Problematik auseinanderzusetzen, einen starken Eindruck auf die Schweizer Literatur. Im Folgenden möchte ich untersuchen, wie Hugo Loetschers Verständnis von dem Reisen sowie sein

[6]Loetscher, Hugo; *"The situation of the Swiss writer after 1945"*, In: Flood, John L (Hrsg.); *"Modern Swiss literature: unity and diversity (papers from a symposium)"*; (1985), S. 30.

Kulturverständnis durch seine literarischen Werke zum Ausdruck kommen. Als Beispiel wird hier mit seinem Roman „*Wunderwelt: eine brasilianische Begegnung*" auseinandergesetzt. Der Roman, der im Jahr 1979 verfasst wurde, ist auf Loetschers Reise nach Brasilien basiert.

II. Hugo Loetscher und das Reisen

Hugo Loetscher (1929-2009) war geboren in Zürich. An der Sorbonne Universität studierte er Politikwissenschaft, Philosophie und Germanistik. Nach dem Studium arbeitete er bei Zeitschriften wie *Neue Züricher Zeitung, Weltwoche* und das Kulturmagazin *Du*. Diese journalistische Tätigkeit hat seine späteren Werke als Schriftsteller weitgehend beeinflusst. Nach 1965 hat er sich regelmäßig in Lateinamerika, in den USA und in Südostasien aufgehalten. Er hat sich auch in Portugal und Spanien aufgehalten, wodurch er in näheren Kontakt mit diesen Kulturen kam.

Hugo Loetscher zählt zu den kosmopolitischsten und weitgereisten Autoren in dem deutschsprachigen Raum. Diese Reisebegierde hat sein literarisches Schaffen weitgehend geprägt. Man kann dessen Widerspiegelung in seinen Werken spüren. Seine Reisen in die fernen Länder der Welt haben ihm eine ganz andere Perspektive gegeben, sich mit dem Problem der Politisierung der Grenzen auseinanderzusetzen. Diese Perspektive eröffnet neue Wege und Möglichkeiten, sich mit dem in der deutschsprachigen Schweizer Literatur oft diskutierten Problem der *helvetischen Kultur* und der *helvetischen Enge* offener und toleranter zu beschäftigen.

Loetschers Philosophie entstand durch seine weltweiten Reisen. Loetscher – wie seine anderen Zeitgenossen- beschäftigte sich hauptsächlich mit der gleichen Problematik; nämlich mit der Entmystifizierung des Mythos *Schweiz*. Sein Anderssein liegt jedoch an seiner Methodik, mit der er mit dem Problem umgeht.

Je ferner er durch die verschiedenen Nationen und Kulturen reiste, desto näher kam er zu sich selbst. Seine Reisen waren nicht nur durch die Welt, die *außerhalb* ihn lag, sondern sie öffneten ihm Türe zu einer bisher unbekannten Welt, die *in* ihm lag. Loetschers weltweite Reisen brachten ihm als Ziel immer zu sich selbst zurück. Das Weggehen war in seinem Fall genauso wichtig wie die Rückkehr.

„Er hat für seine Romane sozusagen die engste Enge gewählt: nicht nur die Schweiz, nicht nur Zürich, sondern zum Beispiel Außersihl- und hat in solcher Enge die Lebensweise gefunden. Das ist ihm, unter anderem, darum möglich geworden, weil er die Kraft hat, Distanz zu nehmen – wegzugehen, nicht um zu erwischen, sondern um aus der Distanz auch Maß und Maßtäbe zu gewinnen. Hugo Loetscher Reise >> von Zürich nach Zürich<< entspricht einer Schleife durch die Welt."[7]

Seine literarischen Werke, die von einem reichen Gebrauch der Metapher charakterisiert sind, beschränken sich nicht nur auf einer kritischen Haltung zur Schweiz. Sie äußern sich vielmehr über sein Verständnis von Kultur. Als ein Tourist interessierten ihn weniger die typischen Sehenswürdigkeiten wie ein Museum, aber vielmehr die Einheimischen und die unkonventionellen Orte, die zwar nicht auf die Reise -Broschüre existieren, aber die wahre Kultur des Gebiets vertreten. Denn die Kultur ist ein immer wandelnder, dynamischer Begriff, der in einem Museum nur schwer bewahrt werden kann. Die wahre Kultur entsteht durch einen Dialog, indem alle Gesprächspartner die Bewilligung zeigen, das Vertraute und das Unvertraute sowohl in der fremden als auch in der eignen Kultur kennenzulernen.

III.   *„Wunderwelt: eine brasilianische Begegnung"*

Ein Reisender, der im Roman als *ein Fremder* bezeichnet wird, fährt nach Caninde, um den dortigen ‚Saal der Wunder' zu sehen. Enttäuscht darüber, was er in diesem Saal der Wunder findet, verlässt er den Saal und bummelt auf die Straßen. Dort beobachtet er, dass ein Sarglein zu einem Fotographen gebracht wird. Der Fremde folgt die Prozession und wird ein Zeuge dessen, wie ein Familienbild gemacht wird, bevor das tote Kind in dem Sarg zum Friedhof gebracht wird. Unabsichtlich folgt er diesem Kind bis zum Friedhof. Durch ein Gespräch mit dem Vater des toten Kindes erfährt er über das fünfjährige Mädchen, das gestorben ist. Vor ihm liegt das Kind, das aus dem Nordosten stammt und keine Gelegenheit bekommen hat, seine eigene Kultur kennenzulernen. Der Fremde überlegt sich, was

---

[7] Weber, Werner: *„Fremdes und Eigenheit"*, In: Dewulf, Jeroen (Hrsg.): *„In alle Richtungen gehen: Reden und Aufsätze über Hugo Loetscher"*, (2005), S. 75.

mit diesem Kind passiert wäre, wäre das Kind am Leben geblieben. Sie wäre vielleicht eine Wasserträgerin geworden, wie alle anderen Mädchen in ihrer Gegend werden. Sie wäre vielleicht auch in die Schule gegangen.

> *„Man hatte statt einem Kränzchen und einem Sträußchen Bücher und Hefte kaufen müssen, einen Gummi und ein Lineal und Farbstifte. Und eine Tasche, um all das Schulzeug hineinzutun. Eine Tasche, auf die man einen Donald Duck klebt, als Abzeichen oder einen Poster."*
> (Loetscher, Wunderwelt, S. 131)

So entscheidet sich der Fremde, dem toten Mädchen ihr eigenes Leben, ihre eigene Kultur zu erzählen. Der ganze Roman ist ein Gespräch mit dem toten Mädchen, das er Fatima nennt. Als ein Dürrekind hat auch Fatima wie viele andere Kinder keine Chance gehabt, das Leben durch eigene Augen zu sehen. Der Fremde entscheidet sich, durch dieses Gespräch über ihre eigene Kultur erfahren zu lassen, damit *sie ein bisschen weniger tot wäre.* (Loetscher, Wunderwelt, S. 134)

> *„Du stammst aus diesem Nordosten und hast ihn nicht kennengelernt. Ich, ein Fremder, bin in diesem Nordosten gereist. Soll ich so tun, als könnte ich dir zurückgeben, was dir schon gehört?*
>
> *Und doch- lass uns von deinem Nordosten erzählen, zumal es heißt, dass hier die toten Kinder nicht nur die Haare und Nägel nachwachsen, sondern auch die Ohren."*
> (Loetscher, Wunderwelt, S. 134)

So entfaltet sich während dieser Erzählung vor Fatima, vor dem Fremden und nicht zuletzt auch vor dem Leser, eine Kultur, die voller Mythen, voller Volksgeschichten ist.

Die Geschichte, die in diesem Roman vorkommt, fand ihre Wurzel, als Hugo Loetscher auf einer Reise nach Portugal war. Der Roman ‚*Wunderwelt: eine Brasilianische Begegnung*' erzählt den Lesern das Leben in Caninde, das immer durch Naturkatastrophen heimgesucht wird. Obwohl der Roman sich mit der

Beschreibung einer brasilianischen Stadt durch die Augen eines europäischen Reisenden beschäftigt, trägt die Erzählung auf keinem Fall die Form einer Reisereportage. Die Versuche des Fremden, eine Stadt auf dieser Weise zu lesen und zu interpretieren, beschränken sich nicht auf eine Wiedergabe dessen, was er vor Augen sieht, sondern sie erlauben ihm, den schlechten Verhältnissen in dieser Region gegenüber kritisch zu sein.

Die Einrichtung eines Saals der Wunder, der eigentlich den Reichtum des Gebiets touristisch darstellen sollte, findet er widersprüchlich.

> „(....) aber es verhielt sich ja nicht immer so, dass das Volk benutzt, was es herstellt und trägt, was es verfertigt. Es kann die feinsten Taschentücher sticken, während es selber die Nase mit den Fingern putzt und mit den Handdrücken über die Augen wischt." (Loetscher, Wunderwelt, S. 67)

Durch die Einrichtung des Saals der Wunder kommt der Titel „Wunderwelt" ironisch vor. Der Saal der Wunder stellt fein verfertigte seidene Kleider, teure Ledersachen aus, die die arme Bevölkerung herstellt. Die teuren Sachen passen gar nicht dem alltäglichen Kampf der armen Menschen ums Überleben zu. Daher vertritt das Museum nicht, was es eigentlich vertreten soll, aber schafft eine exotische Realität, damit nur die europäischen Blicke sich zufrieden stellen können. Der Fremde merkt, dass die Lederwaren, die in diesem Museum zu finden sind, helfen den Einheimischen in Caninde gar nicht, *wenn sie durch das dornige und stachlige Gestrüpp reiten.*

Wenn enttäuscht über die exotische Einrichtung des Saals der Wunder der Fremde auf die normalen – nicht touristischen – Straßen in Caninde bummelt, sieht er die wahre Kultur in dem alltäglichen Leben der Einheimischen, die sich nicht weniger als ein Wunder vorkommen lässt.

> *„Ein Museum an Ort und Stelle. Ein echtes Museum. Und echt ist doch eure Hütte. Das Gerippe aus Stecken und Latten, zusammengebunden, mit Sperrmüll ergänzt und mit Brettern vernagelt. Echt ist der Lehm,*

*der dazwischen gestrichen wurde. Und wie die Wände mit ihren
Ritzen ursprünglich wirken, in der Wärme gesprungen und bröckelnd.
Wir lassen das Stück Eternit, mit dem der Vater die Rückwand flickte.
Und im Innen natürlich die gestampfte Erde mit dem darüber
gestreuten Sand."*

(Loetscher, Wunderwelt, S. 70)

Die literarischen Werke von Hugo Loetscher sind reich an Metaphern.
Charakteristisch sind für ihn die Entstehung und der Gebrauch der Metapher, was
ihn von den anderen - von seinen zeitgenössischen deutschsprachigen Schriftstellern
aus der Schweiz - unterscheidet. Der Gebrauch von Parabel von Max Frisch und die
Kritik der Moderne, wie sie sich bei Friedrich Dürrenmatt ausdrückte, sind
unumstritten die wichtigsten Beiträge zur deutschsprachigen Schweizer Literatur.
Bei Hugo Loetscher geht jedoch die Formation von Metaphern und Parabeln seinen
weltweiten Reisen nicht voraus, sondern, kann man behaupten, sie seien aus seinen
weltweiten Reisen entstanden.

Der Roman *Wunderwelt* entwickelt sich auch durch die Metapher, die
während seiner Reiseerfahrungen in Brasilien entstanden. Die erste Metapher, die in
Bezug auf diesem Roman diskutiert werden kann, ist ,*Der Tod*'. Der Tod als eine
Metapher kommt auch in den anderen Werken Loetschers häufig vor. Der Roman
Wunderwelt ist ein Gespräch zwischen dem Fremden und dem toten Mädchen
Fatima, das ihre eigene Kultur nie kennengelernt hat. Die Gesellschaft, wie sich
statisch bzw. gleichgültig benimmt, ist sie nicht gleich wie eine tote Gesellschaft? Mit
Hilfe eines Gesprächs mit dem toten Mädchen versucht Loetscher mit der toten
Gesellschaft ins Gespräch zu kommen. Er versucht, die tote Gesellschaft wieder ans
Leben zu rufen und sie über ihr Dasein, ihr reales Wesen bewusst zu machen.

Die Welt sei so schlecht geworden, dass der Tod die einzige Möglichkeit wäre,
davon weglaufen zu können. Der Tod sei eine Flucht, sich von dem weltlichen Wehen
zu befreien. Mit solcher Annahme wird die schreckliche Realität des Totwerdens im
Nordosten vermindert. Das Sterben wird durch verschiedene Worte, wie z.B. *auf die*

bessere Seite gehen, beschrieben. Diese brutale Glorifikation ist nicht anders als eine Art Kaltblütigkeit, die die Menschen in sich entwickelt haben.

> *„Problemlos sind die, welche gleich nach der Geburt sterben. Sie haben noch nicht viel abgekriegt von dieser Welt. Höchstens mit der Muttermilch. Aber auch die, welche sterben, bevor sie fünf Jahre alt sind, sind gerettet. Über so kleine Kinder darf man nicht weinen, wenn sie sterben. Sonst macht man ihnen die Flügel nass, und dann haben sie Mühe, davon zu laufen."*
> (Loetscher, Wunderwelt,S. 145)

Der museale Charakter des Saals der Wunder ist auch eine Erweiterung der Tod-Metapher. Die Dinge, die in einem Museum bewahrt werden, wirken fremd zu der eigentlichen Kultur. Ein Museum vertritt ein statisches Leben. Die Kultur ist hingegen etwas immer Wechselndes, etwas sich immer Entwickelndes. Die Einrichtung eines Museums steht völlig konträr zu diesem charakteristischen Merkmal der Kultur. Die Kultur kann nicht in einem geschlossenen Raum bewahrt werden. Sie entwickelt sich in der Bevölkerung dadurch, dass sie ständig in Kontakt mit den Anderen kommt.

IV.   ‚Reisen' als Metapher bei Hugo Loetscher: eine *Reise* zu sich selbst

Loetschers weltweite Reisen haben ihm eine tolerante Perspektive ermöglicht, die komplizierten Beziehungen zwischen dem Eigenen und dem Fremden zu analysieren. Seine Reisen in die fernsten Orte der Welt öffnen ihn nicht nur Türen zum neuen Wissen über das Unbekannte, sondern sie öffnen auch die bislang unbekannten Seiten des Selbst. In dem Sinne erlauben seine weltweiten Reisen ihm eine Position, die zwischen zwei Welten liegt, wo die Grenzen zwischen dem Bekannten und Unbekannten zu verschmelzen scheinen. In einem anderen Roman „der Immune" (1965 und 1975) beschreibt Loetscher seine Philosophie des Reisens. Loetscher schreibt:

11

„Am liebsten wäre er in alle Richtungen gegangen und aus allen Richtungen zurückgekehrt, bis jeder Fremde Ort ein Vertrauter wurde, jeder vertraute sich einem fremden anglich und es keinen Unterschied mehr gab zwischen vertraut und unvertraut."
(Loetscher, der Immune, S. 93)

Hugo Loetscher hätte aus seinen Reise-erfahrungen eine Reise-reportage oder einen Reisebericht schreiben können. Er hat aber absichtlich die Form eines Gesprächs ausgewählt. Ein Bericht setzt einigermaßen die Autorität des Erzählers voraus. In einem Gespräch hingegen sind die beiden Gesprächspartner auf einer gleichen Ebene und sind Gleichmaßig an dem Gespräch beteiligt.

„Das Gespräch ist ein Vorgang der Verständigung. So gehört zu jedem echten Gespräch, dass man auf den anderen eingeht, seine Gesichtspunkte wirklich gelten lässt und sich insofern daran in ihn versetzt, als man ihn zwar als diese Individualität verstehen will, wohl aber als das, was er sagt. Was es zu erfassen gilt, ist das sachliche Recht seiner Meinung, damit wir in der Sache miteinander einig werden können. Wir beziehen also seine Meinung nicht auf ihn, sondern auf das eigene Meinen und Vermeinen zurück."[8]

Der Erzähler, der Leser und Fatima befinden sich auf einer gleichen Ebene und sind gleichermaßen an dem Gespräch beteiligt. Keiner von den Beteiligten hat die endgültige Macht auf das Wissen und der Prozess der Verständigung ist ein Ergebnis der Verschmelzung von den verschiedenen Horizonten.

Um ein in dem Sinne ‚reales' Gespräch stattfinden zu können, setzt Loetscher die Naivität, die Wissensbegierde eines kleinen Kindes voraus. Die Hinzufügung der Figur von Fatima als ein Gesprächspartner lässt sich aus dieser Perspektive als eine Metapher verstehen.

---

[8] Hauff, Jürgen et. All. (hrsg.): *„Methodendiskussion: Arbeitsbuch zur Literaturwissenschaft Band II"*, (1972), S. 19.

Loetschers Reiseerfahrung vervollständigt sich nur dann, nachdem der aus den Erfahrungen etwas Neues über sich gelernt hat. Seine weltweiten Reisen haben ihm immer als ein Ziel zu sich selbst geführt.

Während er den musealen Charakter des Saals der Wunder kritisiert, stellt er die gleichen Fragen auch an dem selbstgeschaffenen Bild eines naturschönen neutralen Alpenlandes der Schweiz. Es ist ein Apell an der Schweiz, aus diesem selbstgeschaffenen Bild herauszukommen und die Wahrheit anzunehmen. Die Sonderstellung der Schweiz findet von den Einheimischen keine Einfühlung. Loetschers literarische Schriften sind ständige Versuche, die tote Gesellschaft aus der Museumhaftigkeit heraushölend wieder ans Leben zu rufen. Er mißt dem Begriff der Kultur eine neue Bedeutung zu, die sich nicht in einem Museum, sondern unter Menschen finden lässt. Poesie liegt nicht nur an der selbstgeschaffenen exotischen Realität, sondern vielmehr ist sie in den Begegnungen mit den wahren Menschen und in dem alltäglichen Leben zu finden, die voller Schwierigkeiten und Unvollkommenheiten sind.

Obwohl die Schweiz- als ein neutrales Land- an dem Krieg nicht direkt beteiligt war und sich von der Gewalt abhielt, war sie ein Opfer der „Selbst-Isolierung" durch die Politisierung der Grenzen – ein Thema, das in der Literatur stark problematisiert wurde. Loetschers Begegnung mit den fremden Menschen an den fremden Orten gaben ihm Möglichkeiten, über den Sonderfall Schweiz kritische Gedanken zu machen.

Je mehr man auf dem Sonderfall beharrt, desto mehr isoliert man sich von dem Rest der Menschheit und, je mehr man sich auf diese herkömmliche Insistenz verzichtet, desto „menschlicher", inklusiver wird man. Interessanterweise aber verlangt Loetschers Definition der Sonderstellung von dem Selbst eine zunehmende Inklusion des Anderen. Und diese Philosophie drücken Loetschers literarische Werke aus. Die Methodik Loetschers – *Reise von Zürich nach Zürich* – möchte ich als *Kartographie des Selbst* bezeichnen.

Kartographie ist eine Wissenschaft, die sich mit dem Kartenzeichen beschäftigt. Die Karten führen einen zu seinem Ziel. Loetscher reist in die fernen Länder der Welt, lernt die anderen Kulturen kennen, und dann kommt er zurück und findet die noch unbekannten Aspekte des Selbst. Das stetige Ausgehen **und** Zurückkommen spielt bei ihm eine außerordentlich wichtige Rolle. Wenn man die Grenzproblematik in diesem Licht interpretiert, werden die Grenzen nicht zu Mauern, sondern sie bleiben bloße Linien, die sich zum keinen großen Problem der zwischenmenschlichen Beziehung werden lassen.

14

Bibliographie

- Primärliteratur

1. Loetscher, Hugo: "Wunderwelt: eine brasilianische Begegnung", Darmstadt und Neuwied, Luchterhand, 1979.

- Sekundärliteratur:

1. Gsteiger, Manfred: *Individuality, Interrelations and Self- images in Swiss Literature*". In: Flood, John L. (Hrsg.): "Modern Swiss Literature: Unity and diversity (Papers from a symposium)", London, Oswald Wolff, 1985, S. 7-24.

2. Hauff, Jürgen; Heller, Albert; Hüppauf, Bernd; Philippi, Klaus-Peter (Hrsg.): „Methodendiskussion: Arbeitsbuch zur Literaturwissenschaft Band II", Frankfurt am Main, Athenäum Fischer Taschenbuch, 1972.

3. Loetscher, Hugo; *"The situation of the Swiss writer after 1945"*, Flood, John L (Hrsg.): „Modern Swiss Literature: university and diversity (Papers from a symposium)", London, Oswald Wolff Ltd., 1985, S. 25-38.

4. Loetscher, Hugo: "Der Immune", Zürich, Diogenes, 1985.

5. Weber, Werner: *„Fremdes und Eigenheit"*, In: Dewulf, Jeroen (Hrsg.): „In alle Richtungen gehen: Reden und Aufsätze über Hugo *Loetscher"*, Zürich, Diogenes, 2005.

- Auswahlsbibliographie:
1. Aeschebacher, Marc: „Vom Stummsein bis zur Vielsprachigkeit: vierzig Jahre Literatur aus der Schweiz(1958-1998)", Bern, Peter Lang AG, Europäischer Verlag der Wissenschaften, 1997.
2. Böhler, Michael: Horch, Hans Otto (Hrsg.): „Kulturtopographie deutschsprachiger Literaturen, Perspektivierung im Spannungsfeld von Integration und Differenz", Tübingen, Max Niemeyer, 2002.

15

3. Böhler, Michael: „*Deutsche Literatur im kulturellen Spannungfeld von Eigenem und Fremdem in der Schweiz*". In : Wierlacher, Alois; „Das Fremde und das Eigene: Prolegomena zu einer interkulturellen Germanistik", München,iudicium, 1985, S. 234-261.

4. Bucher, Werner; Ammann Georges: „Schweizer Schriftsteller im Gespräch", Basel, Friedrich Reinhard, 1970-71.

5. Butler, Michael; Pender, Malcolm: „Rejection and emancipation: writing in German- Speaking Switzerland 1945- 1991", New York, Oswald Wolff Books Berg, 1991.

6. Caduff, Carinna (Hrsg.): „Figuren des Fremden in der Schweizer Literatur", Zürich, Limmat, 1997.

7. Dewolf, Jereon; Zeller, Rosmarie(Hrsg.): „In alle Richtungen gehen (Reden und Aufsätze über Hugo Loetscher)", Zürich, Diogenes, 2005.

8. Loetscher Hugo (2003): „Lesen statt Klettern: Aufsätze zur literarischen Schweiz",Zürich, Diogenes, 2003.

9. Loetscher, Hugo: "Vom Erzählen erzählen: Münchner Poetikvorlesungen mit einer Einführung von Wolfgang Frühwald ", Zürich, Diogenes, 1988.

10. Sabalius, Romeo: „*Die Romane Hugo Loetschers: Im Spannungsfeld von Fremd und Vertrautheit*", New York, Peter Lang, 1995.